Ilustraciones • Illustrations: Ivette Díaz
Traducciones • Translations: Margaret Randall

Medulla Oblongata

Kelly Martínez-Grandal

Medulla Oblongata
Kelly Martínez-Grandal
CAAW EDICIONES
Editora: Yovana Martínez

⚜

© Kelly Martínez-Grandal/ Ivette Díaz
© 1ª Edición/ 1rst Edtion, CAAW Ediciones, Yulunkela Catalog, 2017
   Diseño editorial/ Editorial Design : Faride Mereb
Traducción/Translation: Margaret Randall
ISBN: 978-1-946762-03-0

Este título pertenece al Catálogo Yulunkela de CAAW Ediciones. CAAW Ediciones es la división editorial de Cuban Artists Around the World, INC. Todos los derechos reservados. Esta publicación no puede ser reproducida, ni en todo ni en parte, ni registrada en, o transmitida por un sistema de recuperación de información, en ninguna forma, por ningún medio, sea mecánico, fotoquímico, electrónico, magnético, electroóptico, por fotocopia o cualquier otra, sin el permiso previo por escrito de CAAW Ediciones.

This tittle belongs to the Yulunkela Catalog of CAAW Ediciones. CAAW Ediciones is the editorial division of Cuban Artists Around the World, INC. All rights reserved. This publication may not be reproduced partially or entirely, nor be registered in or transmited by an information retrieval system in any form, by any media, being mechanical, photochemical, electronic, magnetic, electro optical, photocopying or any other, without written permission from CAAW Editions.

Medulla oblongata, el poemario con el que debuta Kelly Martínez-Grandal, nos trae una nueva voz fresca y un espíritu viejo. Cronológicamente, Kelly es joven —la conozco desde su nacimiento, en Cuba, hace poco menos de cuatro décadas, cuando su madre y yo éramos aprendices del brillante fotógrafo que es su padre—, pero su sabiduría en estos breves poemas no tiene edad. El tiempo deja de ser lineal cuando los eventos políticos y sociales obligan a emigrar. El viaje de Kelly desde Cuba a Venezuela y luego a Estados Unidos, es reflejo de eso que viven tantos en estos tiempos. Es, también, únicamente suyo.

Es fuera de ese viaje que Kelly ha tejido estas líneas: hilos que se ciernen entre el desvelo y el sueño, moviéndose dentro y fuera de una canción sensual, una dura necesidad. Sus palabras, como las de todo exiliado, a veces están confinadas y otras veces vuelan libres. "El espejo no es ya una mentira", nos dice, "sino la complicidad entre mi cuerpo y el mundo". He aquí a una poeta de voz inusual y convincente.

—

Medulla oblongata, Kelly Martínez-Grandal's debut poetry collection, brings us the fresh new voice of an old spirit. Chronologically, Kelly is young—I've known her since her birth in Cuba less than four decades ago, when her mother and I were apprenticing to the brilliant photographer who is her father—but the wisdom in these brief poems is ageless. Time ceases to be linear when social and political events force emigration. Kelly's journey from Cuba to Venezuela and finally to the United States mirrors that of so many in these times. It is also uniquely her own.

It is out of this journey that Kelly has woven these lines: threads hovering between wakefulness and dream, moving in and out of sensuous song and tough necessity. Her words, like those of every exile, are confined at times and at other times fly free. "The mirror is no longer a lie but the complicity between my body and the world" she tell us. Here is a poet of unusual and compelling voice.

Margaret Randall

A César, por su persistencia y su amor.
To César, for his persistence and love.

A Gabriela Kizer, por recordarme el camino.
To Gabriela Kizer, for reminding me the way.

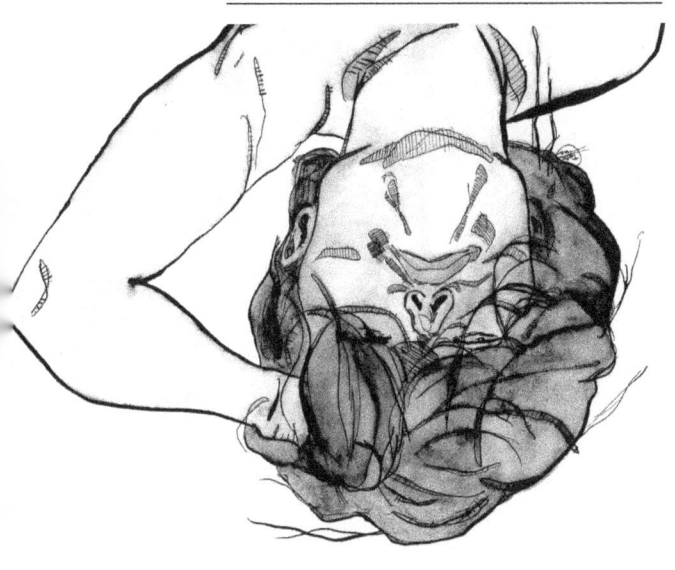

No la luna. Ser una cabeza de bronce habitada por un dios.

Not the moon. To be a bronze head inhabited by a god.

Denise Levertow

I

Cabeza de bronce

Nació
del olvido de un dios.
Toma prestadas voces,
rostros.

Nació de las víctimas que no se rebelan,
víctimas cómplices como la muerte.
No se sabe cuándo o dónde.
Insiste en no tener patria
ni edad.
Mascó corazones.

Furor de serpiente
no aguanta las cajas   las voces que llaman.

Escribe estos versos.

I

Bronze head

She was born
of a god's oblivion.
She borrows voices,
faces.

She was born of victims that don't rebel,
victims complicit as death.
No one knows where or when.
She insists she has neither homeland
nor age.
She masticated hearts.

Fury of a serpent
she cannot bear boxes   voices that call.

She writes these lines.

II

Frágil muñeca de papel
recortada al borde del sueño,
a trizas
el ojo
el espanto.

No has elegido este sino.

En ti la sombra del cielo
donde no nos vimos,
 las horas cansadas,
 la tarde
y unas ganas de encontrarte a fondo
la boca
tapada,
las manos.

Desnudo vaivén,
cuerpo apabullado por los años,
los pájaros
donde no dijiste,
herida blanca.
No más la violencia fraguando estos versos,
la furia humillante de no ser tú,
las venas
asomadas
al borde de un espejo
donde empieza el temblor.

II

Fragile paper doll
cut from the edge of dream,
shredded
the eye
the terror.

You have not chosen this destiny.

Within you the sky's shadow
where we could not see one another,
exhausted hours,
the afternoon
and a desire to discover all of you
covered
the mouth,
the hands.

Swaying naked,
body overcomed by years,
birds
where you did not say,
white wound.

No more violence giving birth to these lines,
humiliating rage at not being you,
veins
glimpsed
at the edge of a mirror
where the shudder begins.

III

El espejo no es ya una mentira,
sino la complicidad entre mi cuerpo y el mundo.
Soy real,
tan real como estas manos o estos versos.

Ahora descansa la transparencia de esta mañana de caracoles.

Atrás todas las casas,
todas las ventanas que cerré
para que no se apagara el fuego
y no se fueran los invitados.
¿Y yo?
¿Dónde quedaba yo?

III

The mirror is no longer a lie
but the pact between my body and the world.
I exist,
as real as these hands, these lines.

Now the transparency of this morning of shells rests.

All the houses stay behind,
all the windows I closed
so the fire wouldn't die out
and the guests wouldn't leave.
And me?
Where did I stand?

IV

Zapatos de muñeca

Nunca le sirvieron los zapatos de muñeca,
su baile pequeño.
Sus ojos no eran de cristal o plástico,
no estaban hechos solo para pestañear.

Adentro un corazón   decidido
a no pactar con las fisuras del tiempo.
Afuera una estatura no apta para las cajas,
para ataúdes de Blancanieves.

Si algo hubiera que decir,
diría
una bestia es una bestia incluso cuando pierde,
en las patas yace la textura del suelo;
la voz del bosque no es algo que podamos callar
y nunca le cupieron los zapatos de muñeca,
las piras de sacrificio.

IV

Doll shoes

The doll's shoes never fitted,
her small dance.
Her eyes weren't made of glass or plastic,
they had no batting eyelashes.

Within a heart   determined
not to make a pact with the fissures of time.
Outside was a statue that didn't fit in the boxes,
for Snow White's coffins.

If there was something to say
it would have been
a beast is a beast even when it loses,
earth is imprinted on the soles of its feet;
the forest's voice is not something we can silence
and the doll's shoes never fitted her,
the sacrificial pyre.

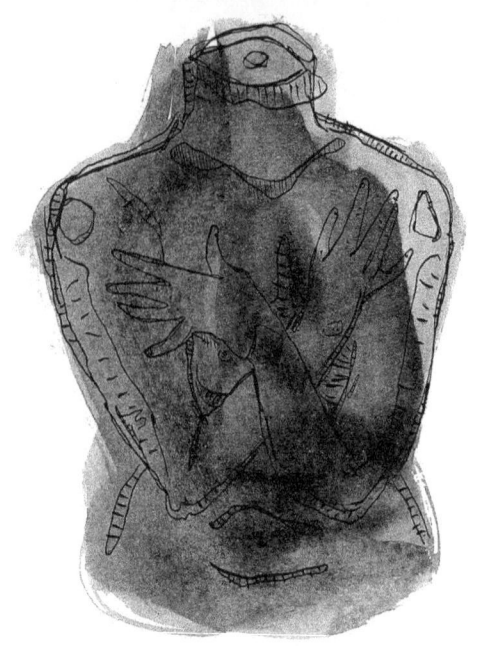

22

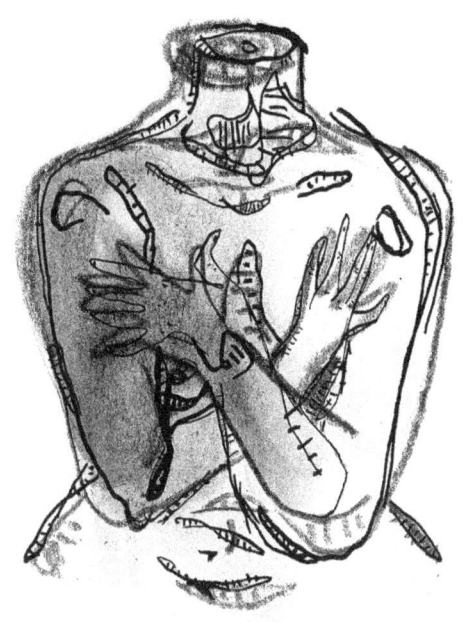

23

V

Ellos vinieron,
ellos entraron a la fuerza;
atacaron
a las mujeres y las bestias.
Se defendió.
Entre sus piernas corrió
un rumor de sangre.

V

They came,
they forced their way in;
attacked the women and the beasts.
She defended herself.
Between their legs
ran a murmur of blood.

VI

Doncella impronunciable
                    A Toñito

Kore,
el ritmo de tu cuerpo es el ritmo de la tierra,
tuya es la raíz y tuya es la semilla,
granada   reverso bajo el sol.

Tuya también la soledad.

Allí está tu madre sollozando sobre el río,
allí está tu madre reclamando tu inocencia,
joven Ofelia diluida en la corriente de la noche,
centro misterioso socavando la estructura del poema:
un niño y una serpiente abrazados en la canasta.
El camino
hoy cubierto de fábricas.

Kore,
tu nombre es un conjuro
impronunciable.

VI

Unpronounceable maiden
To Toñito

Kore,
your body's rhythm is the rhythm of the earth,
yours is the root and seed,
pomegranate   inside out beneath the sun.

Yours as well the loneliness.

There is your mother sobbing on the river,
there is your mother reclaiming your innocence,
young Ophelia diluted in the night's current,
mysterious center subverting the poem's structure:
a child and a snake embracing in the basket.
The road
lined with factories today.

Kore,
your name is an unpronounceable
incantation.

29

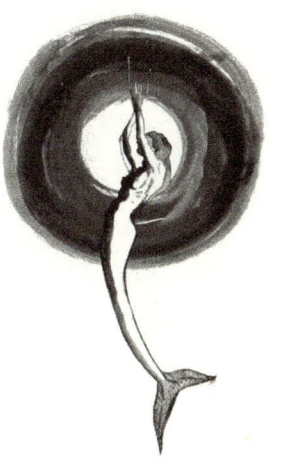

VII

Ella colecciona recuerdos,
agujas de reloj,
ropajes de fantasmas.
Ella
        tiene alas
de mariposa negra.

VII

She collects memories,
clock hands,
the clothing of ghosts.
She
has the wings
of a black butterfly.

VIII

Moiras

Las mujeres del destierro buscan   en retratos
los huesos de sus muertos.

Velan.

Persisten luminosas.

Vuelven incansables al origen,
tercas después del polvo.

Pero atrás quedaron las locas cacerías nocturnas
y en el bosque no hay ciervos
trompetas   perros
solo el murmullo de la corriente
las hojas
lento vuelo circular.

Atrás quedaron los jinetes del tiempo.

VIII

Moiras

The exiled women search   in portraits
for the bones of their dead.

They keep watch.

They remain luminous.

Tirelessly they return to their origin,
stubborn after the dust.

But the crazed nocturnal hunts remained behind
and there are no deer in the forest
no trumpets   dogs
only the stream's murmur
the leaves
in slow circular flight.

Time's horsemen remained behind.

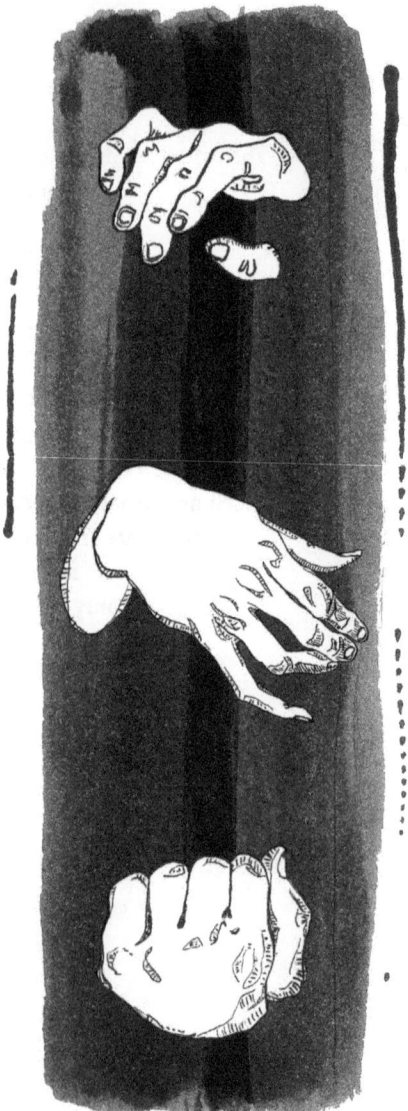

IX

Pájaros negros
me visitan en sueños.
Traen en los picos mi primera piel.
Me obligan a buscarme
lejos de mí.

●

IX

Black birds
come to me in dreams.
They carry my first skin in their beaks.
They force me to look for myself
far from me.

X

Talismanes

La taza de la abuela, sus prendedores
El largo cabello de mamá a los treinta

El cofre rumano que aún guardo

El sabor de la primera manzana
El sol como una dama roja   las estrellas en el patio
El anillo del tabaco que abuelo puso en mi dedo

El cuarto oscuro de mi padre
Hiposulfito de sodio bórax revelador fijador
Esto solo puede ser magia.

Los barcos se anuncian en el puerto
grandes monstruos lejanos
traen leyendas en lenguas que no hablo
Spasiva koniek dobraye utra
ya nye pani mayú.

Huelo hojas de mango que son piel de la memoria

Como los jardines   y sus estatuas
me consagro a la humedad
Me resguardo
en el vientre de una isla.

X

Amulets

Grandmother's cup, her broaches
Mother's long hair when she was thirty.

The Rumanian chest I still keep

The taste of the first apple
The sun like a red woman   stars in the courtyard
The cigar band Grandfather placed on my finger

My father's darkroom
Sulfate of sodium borax developer fixer
This could only be magic.

The ships sound in the harbor
great far-off monsters
bringing legends in languages I do not speak
Spasiva koniek dobraye utra
Ya nye pani mayú.

I smell mango leaves that are skins of memory

Like gardens   and their statues
I give myself to moisture
I keep myself
in an island's womb.

XI

¿Cómo se llamaba mi ancestro mongol?
¿Domesticaría halcones siendo niño?
¿Qué habrá pensado la primera vez que vio el Caribe?

Es su voz lo que ahora me obliga
a soñar estepas.
Una voz incomprensible atrapada en un hueso,
recia,
atravesando siempre montañas boreales.
Es su voz lo que ahora me incita
a un cielo lejano,
nostalgia plagada de caballos pequeños.

¿Qué permanece en mi sangre de su sangre?
¿Qué permanece en mi vuelo de su vuelo?

XI

What was my Mongol ancestor's name?
Did he keep falcons as a child?
What did he think the first time he saw the Caribbean?

It is his voice that now obliges me
to dream of steppes.
An incomprehensible voice trapped in a bone,
strong,
always crossing northern mountains.
It is his voice that pushes me now
toward a distant sky,
nostalgia plagued by little horses.

What of his blood lives in mine?
What of his flight lives in my flight?

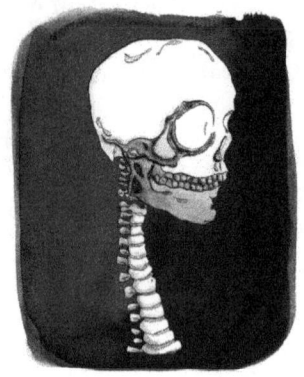

XII

Llevo en alto la calavera,
de Baba Yaga,
los pies en la tierra.
No es lo mismo venir del jardín que venir de los truenos,
el eco retumba
y a veces
los únicos poemas que puedo escribir son plegarias,
las únicas plegarias que puedo elevar son poemas.

XII

I carry the skull on high,
Baba Yaga's skull,
my feet planted on the ground.
It isn't the same coming from the garden as coming from lightning,
the echo sounds
and at times
the only poems I can write are prayers,
the only prayers I can raise are poems.

XIII

Una niña baila sola en el patio,
sin música,
batiendo las palmas con un choque de anillos.
Su falda es un pájaro   puñal emplumado,
un vértigo rítmico anunciando la herida.
Gira, gira absortos los ojos,
gira huracán.

Afuera el viento y las hojas,
la savia de un árbol crujido de fuego
naranja olorosa
la cenefa del sol
y ella
alzados los brazos
repletos de un dios.

Una niña baila sola en el patio,
dibuja la calma
con sus pequeños pies.

Ajena a mí,
indiferente
a los bramidos del mundo.

Ajena al fracaso.

XIII

A little girl dances alone in the courtyard,
dances without music,
clapping her hands in a clash of rings.
Her skirt is a bird   a plumed dagger,
a rhythmic vertigo announcing the wound.
She spins and spins, her eyes lost from orbit,
spinning hurricane.

Outside the wind and leaves,
a tree's sap rustling with fire
orange scent
the sun's edge
and she
with her arms raised
holding a god.

A little girl dances alone in the courtyard,
with her small feet
she paints tranquility.

Foreign to me,
indifferent
to the world's roar.

Foreing to failure.

XIV

Transmuta la palabra,
poesía,
descose la noche.

Entierra
a cada golpe de luz.

No me des penumbra sino vida
escóndeme el secreto   las ventanas   la música   los nervios
de la primera vez.
Dame ojos que escruten.
Dame la lengua de las serpientes.

XIV

The word transfigured,
poetry,
unstitches the night.

Buries it
with every stroke of light.

                                        Do not give me gloom but life
hide the secrets for me   the windows   the music   the nerves
of the first time.
Give me eyes that pierce.
Give me the tongue of serpents.

XV

Estabas allí   presta
para el llamado del fuego.

No viniste a este mundo para exponer falsedades.

Estabas allí contemplando el anverso del cielo,
tejiendo humos que no dan tregua.
Niña blanca monstruosa seducida por el crimen,
escuchando.

Escribiendo.

XV

You were there   ready
for the fire's flame.

You did not come into this world to speak falsehoods.

You were there contemplating the sky's reverse,
weaving spirals of smoke that don't give up.
Monstrous little white girl seduced by the crime,
listening.

Writing.

Agradecimientos/Aknowledgments

A Ana Chin-A-Loy, por las crisálidas que dieron origen a este libro. A Ivette Díaz, por darle cuerpo a estas palabras, por su infinita paciencia. A Margaret Randall, por llevar mi voz a otra voz. A Faride Mereb, que me recordó que los libros pueden ser bellos, por su trabajo exquisito. A Yovana Martínez, por la confianza y la amistad, por hacer de Miami una ciudad amable.

To Ana Chin-A-Loy, for the chrysallis that gave birth to this book. To Ivette Díaz, for giving substance to these words, for her infinite patience. To Margaret Randall, for transfering my voice to another voice. To Faride Mereb, for reminding me that books can be beatiful, for her exquisite work. To Yovana Martínez, for her confidence and her friendship, for making of Miami a kind city.

ÍNDICE

Prólogo/ Prologue 7
I 12/13
II 14/15
III 18/19
IV 20/21
V 24/25
VI 26/27
VII 30/31
VIII 32/33
IX 35
X 36/37
XI 40/41
XII 42/43
XIII 44/45
XIV 46/47
XV 49/50
Agradecimientos/ Aknowlegments 53

Kelly Martínez-Grandal
(La Habana/*Havana*, 1980)

Residió en Venezuela entre 1993 y el 2014. Allí se graduó de Licenciada en Artes y Magister en Literatura Comparada, en la Universidad Central de Venezuela, donde también fue profesora por siete años, en la Escuela de Artes. Ha trabajado como curadora independiente y editora para diversos museos e instituciones en Caracas. Actualmente reside y trabaja en Miami, Florida, Estados Unidos.

Su obra ha sido publicada en varias revistas y antologías. Entre estas últimas destacan: *¡Basta! Cien mujeres contra la violencia de género* (Fundavag Editores, 2015) y *102 poetas en jamming* (Oscar Todtmann Editores, 2015).

—

She lived in Venezuela between 1993 and 2014. There she graduated as Bachelor in Arts and Magister in Comparative Literature from the Universidad Central de Venezuela (Central University of Venezuela), where she also was a professor at the School of Arts, for seven years. She has worked as an independent art curator and a book editor to different museums and institutions in Caracas. Currently she lives and works in Miami, Florida, USA.

Her work has been published in many magazines and anthologies. Among these, the most relevant are: *Stop! One Hundred Women Agaisnt Gender Violence*, (Fundavag Ediciones, 2015) and *102 Poets in Jamming*, (Oscar Todtmann Editores, 2015).

Ivette Díaz
(Caracas, 1992)

Licenciada en Artes Visuales por UNEARTE, Escuela Armando Reverón. Inicia su carrera como diseñadora de producción y ambientadora en cine. Luego de eso, ha trabajado en distintos proyectos de diseño visual. Ha participado en varias muestras en diferentes ciudades de Venezuela. Actualmente se dedica a la ilustración y la fotografía.

—

Bachelor in Visual Arts from UNEARTES, Armando Reverón School. She began her carreer as a film production and set designer. Thereafter she worked in different visual design projects. She has participated in many exhibitions in different cities around Venezuela. Currently she is dedicated to illustration and photography.